AF174617

Ensayo sobre el gusto
en las cosas de la naturaleza
y el arte

Título original: *Essai sur le goût dans les choses
de la nature et de l'art ou réflexions sur les causes
du plaisir qu'excitent en nous les ouvrages d'esprit
et les productions des beaux arts*
Diseño gráfico: Gloria Gauger
© De la traducción y el prólogo, Mauro Armiño
© Ediciones Siruela, S. A., 2024
c/ Almagro 25, ppal. dcha.
28010 Madrid Tel.: + 34 91 355 57 20
www.siruela.com
ISBN: 978-84-19942-20-3
Depósito legal: M-11-2024
Impreso en Anzos
Printed and made in Spain

Papel 100% procedente de bosques gestionados
de acuerdo con criterios de sostenibilidad

Montesquieu

Ensayo sobre el gusto
en las cosas de la naturaleza
y el arte
o
reflexiones sobre las causas
del placer que excitan en nosotros
las obras del espíritu y las producciones
de las bellas artes

Traducción del francés y prólogo
de Mauro Armiño

Siruela

Biblioteca de Ensayo 86 (serie menor)

«Este fragmento se ha encontrado imperfecto en sus papeles; el autor no tuvo tiempo de darle la última mano; pero los primeros pensamientos de los grandes maestros merecen ser conservados para la posteridad, como los esbozos de los grandes pintores».

Encyclopédie, tomo VII (1757)

Prólogo
de Mauro Armiño

Quizás el barón de Montesquieu (Charles-Louis de Secondat, 1689-1755) no sea la figura más conocida del movimiento filosófico de los enciclopedistas, pese a que escribió la obra que desarrolla mejor que ninguna otra de su generación (D'Alembert, Diderot, Voltaire, Rousseau) puntos de vista nuevos sobre la organización política y social: *Del espíritu de las leyes* (1748), ensayo precursor, sobre todo por su concepción de la separación de poderes (libro XI), base de las democracias occidentales.[1]

[1] Montesquieu, *La separación de poderes. Sobre las leyes que configuran la libertad política, entendida esta en su relación con*

Nacido en el castillo de La Brède (cerca de Burdeos), en el seno de una familia de la nobleza de toga, tras licenciarse en Derecho (1708) fue abogado del Parlamento de Burdeos. Su primer intento de instalarse en París se ve interrumpido en 1713 por la muerte de su padre, cuyas posesiones hereda. Tres años más tarde se convierte en barón de Montesquieu, título que recibe —además de su fortuna y del cargo de presidente del Parlamento de Burdeos— de un tío fallecido sin descendientes. Pero el ahora barón, de veintisiete años, no tiene los cuarenta exigidos para presidir ese Parlamento, y tras renunciar al cargo se instala en París en un momento clave de la historia de Francia. La reciente muerte de Luis XIV ponía fin al último periodo de un reinado que, tras su apogeo inicial, se había sumido en una recesión social y económica por el enorme endeudamiento provocado por las guerras del rey y por el ri-

la constitución, trad. de Carlos Fernández Muñoz, Editorial Página Indómita, Barcelona, 2021.

gor religioso (revocación del edicto de Nantes, que prohibía y perseguía la religión protestante). Al día siguiente de la muerte del Rey Sol (1 de septiembre de 1715), el regente, Felipe I de Orleans, dio un volantazo a la dirección de un Estado que había expulsado de la vida diaria la alegría de vivir de los primeros años del reinado anterior: el regente llamó a los cómicos italianos, obligados a retornar a su país por madame de Maintenon (reina morganática desde octubre de 1683), que se había sentido aludida en una de sus farsas burlescas. Con sus orgías y fiestas, el regente dio ejemplo de un *carpe diem* que la sociedad se aprestó a imitar; permitió los bailes públicos antes prohibidos y la circulación de dinero aumentó, propiciada por un nuevo sistema de finanzas que sustituyó el metálico por el papel moneda gracias al nuevo sistema económico del escocés John Law (1671-1729), en cuyas manos Felipe I dejó la economía.

Antes de llegar a París, Montesquieu, miembro de la Academia Real de Ciencias, Bellas Letras y Artes de Burdeos (1716), había hecho pinitos científicos, como los hicieron otros enciclope-distas: Rousseau, por ejemplo, había escrito unas *Instituciones químicas*, y Diderot, unos *Elementos de fisiología*, mientras que Voltaire se dedicaba a descabezar babosas para comprobar la veracidad de los experimentos del naturalista italiano Spallanzani (1729-1799) sobre la regeneración de la cabeza de los moluscos, o de anfibios y reptiles. Montesquieu escribió, para cumplir con su obligación de miembro de la Academia Real de Ciencias de Burdeos, trabajos como: *Discurso sobre la causa del eco* (1718), *Discurso sobre el uso de las glándulas renales* (1718), *Observaciones sobre la historia natural* (1721), *La causa de la gravedad de los cuerpos*, etcétera.

En medio de esta nueva «alegría de vivir», Montesquieu publicará su primer libro, unas *Cartas persas* (Ámsterdam, 1721) en las que dos orientales contemplan estupefactos, desde su perspectiva, las costumbres sociales, religiosas y políticas de Francia. Inmerso en la vida de los salones, en particular el de la marquesa madame Lambert, que tenía fama de ser la antecámara de la Academia francesa, no tardó en ser uno de sus miembros (1727). Además, en su periodo inicial, todavía en Burdeos, se había entregado a la narrativa y terminaría firmando una novela: *El templo de Gnido* (1724), a la que más tarde seguiría su último texto narrativo: *Arsace e Isménie* (1730). Pero poco después de ser recibido en la Academia abandona todo y se convierte, según su intención al menos, en aspirante a diplomático, para lo que recorrió Europa durante casi cuatro años: Austria, Hungría, Italia (un año), Alemania, Países Bajos e Inglaterra, donde residirá dieciocho meses. No le sirvieron estos viajes para ver colmadas sus aspiraciones a la carrera diplomática. Y de regreso a Francia (1731) pasará el resto de su vida entre París, Burdeos y su castillo de La Brède, que embelleció con nuevas obras y al que convirtió en lugar de descanso y de escritura, entregado a una obra que en su conjunto abarca, además de los estudios científicos, de las dos novelas y de esas *Cartas persas* citadas, ensayos de primer orden para el desarrollo de la filosofía política. A su regreso de Inglaterra escribe el tratado *Consideraciones de las causas de la grandeza de los romanos y de su decadencia* (Ámsterdam, 1734), ensayo de filosofía política en el que trata por primera vez la idea de libertad que lo llevaría al *Espíritu de las leyes*. Los breves capítulos en los que se subdivide este libro no eran sino reflexiones del autor a partir de su experiencia como magistrado en su región natal y en sus viajes por Europa, en los que atendió sobre todo a los diversos sistemas políticos.

Dos libros póstumos, *Mes pensées* (1899) y *Spicilège*,[2] completan la obra de Montesquieu; en ellos recoge ideas y reflexiones que nada tienen que ver con aquellas recopilaciones de pensamientos al uso, tipo Pascal; ahora se trata de ideas, propias o ajenas, que esboza en estado embrionario, puntos de partida para elaborar durante la escritura, sobre todo, de sus obras

---

[2] *Pensées, Spicilège*, Louis Desgraves (éd.), Robert Laffont, París, 1991.

claves: las *Consideraciones sobre la grandeza de los romanos* y *Del espíritu de las leyes.*

Son los enciclopedistas los primeros en considerar el arte desde el punto de vista de la filosofía estética (término que todavía no se empleaba). Pero la práctica del buen gusto y de la búsqueda de la belleza procedía del siglo anterior: fue el cardenal Richelieu, primer ministro de Luis XIII, el que inició la carrera hacia la consolidación de la literatura y el arte como hechos políticos con la creación de la Academia francesa (1634) para «contribuir a título no lucrativo al perfeccionamiento y la irradiación de las letras». Esa búsqueda de pureza en la lengua fue acompañada por subvenciones del Estado a un puñado de *beaux esprits*. El esbozo de una política cultural se desarrollará ligado al poder y a su servicio durante el reinado de Luis XIV, que no dudó en sus primeros años en salir a escena en persona en los grandes *ballets* de la corte. La idea de la utilización de las artes a mayor gloria de su reinado surgió, sin embargo, de la inauguración del palacio —el más hermoso del reino, una obra maestra de la arquitectura clásica de mediados del siglo— que el todopoderoso superintendente Nicolas Fouquet (1615-1680) se hizo construir en Vaux-le-Vicomte (1653-1661) recurriendo a los mejores artistas de la época, desde el arquitecto Louis Le Vau al pintor Charles Le Brun o el paisajista André Le Nôtre. Vaux-le-Vicomte se hallaba en una posición estratégica, a medio camino entre dos de las residencias reales más importantes: el castillo de Vincennes y el de Fontainebleau, a 50 kilómetros al sudeste de París. Fouquet se había rodeado de una pequeña corte de artistas, en la que figuraban La Fontaine, madame de Sévigné o mademoiselle de Scudéry, además de Molière. Cuando la *troupe* de este último lo visitó ese palacio tras estrenar en el Palacio Real el 24 de junio de 1661 el éxito del momento, *La escuela de los maridos*, el superintendente le encargó una obra para la inauguración de Vaux-le-Vicomte; conocedor y halagador de los gustos del monarca, debía de ser una comedia-*ballet* de aires galantes y cortesanos.

Así nace *Los importunos,* a cuyo estreno el 17 de agosto de 1661 asistió Luis XIV acompañado por seiscientos cortesanos. La magnificencia desplegada no dejó de herir el amor propio del monarca que, con ojos recelosos, comparó el derroche, el esplendor y la fastuosidad de la morada de su superintendente con la propia: mil doscientos surtidores, conciertos de música, loterías que premiaban a todos los números, y el estreno de esa comedia-*ballet,* rematada por fuegos artificiales.[3] Los festejos de la inauguración no

[3] Desde Loret a La Fontaine, todos los asistentes describen la suntuosidad de la fiesta, el paseo del rey por el nuevo palacio y su amplia comitiva de nobles, la opípara comida preparada en un ambigú para más de mil personas por el cocinero estrella del siglo, François Vatel: 80 mesas, 30 bufés, 6000 platos y 400 fuentes de plata, así como un servicio de oro macizo para la mesa del rey; y gran despliegue de maquinaria organizado por el «gran brujo» Giacomo Torelli. El coste total de *ballet,* música, máquinas y comediantes

tenían precedentes: jardines mágicos inundados de estanques y surtidores, terrazas de césped y de flores, cascadas, grutas de las que salían vistosos fuegos artificiales que se reflejaban en el agua del Gran Canal, donde nadaba una ficticia ballena gigante. Los arquitectos y jardineros de Luis XIV copiaron todos estos detalles vistos en la construcción y disposición de Vaux-le-Vicomte y los utilizaron en los palacios del monarca. Pero no fue la envidia lo que precipitó la caída de Fouquet, que el 5 de septiembre —es decir, menos de dos semanas después de la inauguración— era detenido por D'Artagnan, capitán de los mosqueteros, y arrojado a unas mazmorras de las que ya no saldría. Hacía tiempo que las intrigas de Jean-Baptiste Colbert (1619-1683), que lo sucedería como primer intendente de finanzas, venían insinuando en la mente de Luis XIV miedo a Fouquet: cierto que este había puesto orden en la confusión financiera en que Maza-

ascendió a 15 428 libras (algo más de 180 000 euros aproximadamente).

rino había dejado al reino[4], no sin embolsarse grandes beneficios, por supuesto; tantos que, según Colbert, podían permitirle encabezar un complot capaz de enfrentarse al poder real. La decisión del rey de eliminarlo había sido tomada hacía tres meses, a partir de mayo de 1661. El rey puso la mano sobre el palacio: requisó, pagando solo algunos, tapicerías, naranjos, estatuas, etcétera. Colbert se volcó también sobre otros despojos del palacio. Ninguno de los dos olvidó hacerse también con la corte literaria y artística del superintendente caído: Louis Le Vau, Le Nôtre, Charles Le Brun…, y un largo etcétera de escritores y sabios entre los que figuró Molière.

La fastuosidad de lo visto en Vaux-le-Vicomte iba a sentar las bases de la política cultural del reinado de Luis XIV en su primera mitad: si Ri-

---

[4] «Después de haber sido ocho años superintendente de Finanzas, pagó con diecinueve años de prisión los millones que Mazarino había robado, la envidia de los señores Le Tellier y Colbert y el exceso de galantería y esplendor» (Saint-Simon, *Mémoires*).

chelieu había creado la Academia francesa, los decretos de Colbert, convertido en una especie de primer ministro, crean en veinte años varias academias: de danza, de inscripciones y bellas letras, de ciencias, de música, y de arquitectura, que se unieron a la que había impulsado la reina madre, Ana de Austria, durante su regencia de la minoría de edad de Luis XIV: la Academia Real de Pintura y Escultura (1648). De este conjunto de fundaciones y del descubrimiento de la cultura como arma política nacen Versalles y las deslumbrantes fiestas palaciegas de las que se hicieron cargo el italiano Jean-Baptiste Lully para la música, el también italiano Carlo Vigarani (1637-1713), ingeniero del rey, que orquestaba y dirigía la maquinaria del teatro de la Tullerías, y Molière, autor de suntuosas comedias-*ballet* y piezas pastoriles en las que participaba su *troupe*. Por orden del rey, Molière se puso a disposición del duque de Saint-Aignan (1607-1687), militar de prestigio y cortesano todavía más prestigioso («el paladín por excelencia, el vengador de entuertos, el honor de la caballería», escribe de él madame de Sévigné), cuando dejó la carrera de las armas. Poeta en sus ratos libres, fue el encargado de organizar los *plaisirs* y los divertimentos reales con el escenario del palacio de Versalles de fondo o en sus jardines. La primera de las tres grandes y dispendiosas fiestas del reinado llevaría por título *Los placeres de la Isla Encantada,* que por su grandiosidad no deja de recordar a la inauguración de Vaux-le-Vicomte: Saint-Aignan recurrió a un episodio del *Orlando furioso* de Ariosto, con el palacio de Alcina como centro de la trama, y pidió a Molière una comedia relacionada con ese tema: *La princesa de Élide.* Todo ello con la exaltación de Luis XIV —de «el mayor rey del mundo», según Molière— en la letra de las composiciones. Que los costosos divertimentos reales tenían un concreto significado político de control social queda expresado perfectamente en las *Memorias para la instrucción del Delfín,* redactadas por Luis XIV entre finales de 1664 y principios de 1665. Los espléndidos libretos de la fiesta de *Los placeres de la Isla Encantada,* por ejemplo, se repartieron entre los embajadores de los principales países europeos que asistieron a ella, y fueron enviados a los embajadores franceses en Madrid, Berlín, Roma, Londres, etcétera. El control se ejercía también por medio de las pensiones reales que se otorgaba a distintos escritores y sabios. Molière la recibirá a partir de 1663: una pensión (la primera a un autor cómico) de 1000 libras que irá aumentando con los años hasta llegar a 7000 libras.

Esta búsqueda del esplendor, el fasto y la belleza no es materia en ese momento de ninguna teorización. La querella entre Antiguos y Modernos, que ocupa durante cuarenta años (1680-1720) a numerosos escritores, descubre a los primeros pensadores de lo que podría llamarse «estética», y enfrenta, por ejemplo, en ese terreno a Charles Perrault y Nicolas Boileau. El primero fue la cabeza visible de quienes defendían la superioridad de la literatura de su tiempo sobre la del pasado; para el segundo, los autores griegos y latinos suponían el referente inexcusable y la autoridad en materia de virtudes literarias y estilísticas. Su *Arte poética* (1674), que lo hizo merecedor del título de «legislador del Parnaso», se convierte en un tratado sobre las reglas, leyes y recursos de la poesía clásica que acaba intentando definir qué es el gusto. Este término aparecerá poco después en la obra de una traductora de Homero (1699), Anne Dacier (1645-1720), con la *Ilíada* como último avatar de la querella entre Antiguos y Modernos: los libros del poeta griego sirven de yunque controvertido en la querella. En 1711 y 1716 Dacier publicó sus traducciones de la *Ilíada* y de la *Odisea*; el primero de ellos serviría a Antoine Houdar de La Motte (1672-1731), poeta, autor de varios libretos de óperas-*ballet*, de comedias, de fábulas, etcétera, para poner al día a Homero. Desconocedor del griego, utilizó la traducción de Dacier para rescribir la *Ilíada* en verso, resumiendo y criticando tanto el fondo como la forma del libro de Homero: «Me he tomado la libertad de cambiar las cosas desagradables que encontraba en él», afirma en su prólogo. La respuesta de la traductora no se hizo esperar: en unas *Causas de la corrupción del gusto* (1714), Dacier defiende la importancia del original y de la traducción. Pero en esa fecha, los querellantes entre Antiguos y Modernos van reconciliándose y asumiendo unos las posicione de los otros. Montesquieu llega digamos tarde a la polémica, cuando ya las posturas se han sosegado; la querella le hace «ver que hay buenas obras entre los Antiguos y los Modernos» (pensamiento 111). Resulta significativo el término *gusto* en la defensa que Dacier hacía de Homero.

Aunque Diderot, en el elogio fúnebre de Montesquieu con el que abre el tomo V de la Enciclopedia, lo calificara de «padrino» de la empresa intelectual más importante del siglo XVIII, lo cierto es que fue más un compañero de viaje que un miembro activo de lo que consideraba una gran obra que necesitaba del concurso de todas las gentes de letras. Sin embargo, cuando D'Alembert en 1753, dos años antes de la muerte del autor del *Espíritu de las leyes*, lo invitó a colaborar con la escritura de sendos artículos sobre democracia y despotismo, la respuesta de

Montesquieu fue negativa, porque «sobre esos artículos he sacado de mi cerebro todo lo que había en él»; y también porque a las persecuciones que sufría como autor del *Espíritu de las leyes,* veía sumarse las que recibía el proyecto de la Enciclopedia. Pero en la misma carta que rechazaba la propuesta, se mostraba dispuesto a aportar sus ideas sobre el gusto. Fallecido ya Montesquieu, su hijo Jean-Baptiste de Secondat aportó, para el tomo VII de la Enciclopedia en 1777, el texto de lo que se ha titulado *Ensayo sobre el gusto en las cosas de la naturaleza y el arte,* y que figura en ese volumen tras un artículo de Voltaire sobre el mismo tema. Eran quince los fragmentos escritos por Montesquieu y calificados por Diderot y D'Alembert como «fragmentos sobre el gusto», el último de ellos inacabado. Eran el resultado de ideas sobre un tema que lo había interesado desde su juventud, y que desarrolló de forma fragmentaria en sus notas de viaje, en sus *Pensées* y su *Spicilège.* En la reunión de este conjunto de notas y apuntes se aprecia la evolución de su interés hacia la idea con la que concluye la primera sección del *Ensayo sobre el gusto:* «la prerrogativa de descubrir con sutileza y con facilidad el grado del placer que cada cosa debe procurar a los hombres».

No se conoce la fecha en que se escribieron los fragmentos, aunque su germen data de la primera época de Montesquieu, de sus ideas dispersas en los *Pensées*. Recogidos en libro, al margen ya de la Enciclopedia, se reeditaron tal como los había enviado el hijo del autor. Pero en 1796, el científico y literato Charles-Athanase Walckenaer —autor de trabajos de carácter muy diverso, como novelas y poesías, estudios sobre la historia natural de los insectos, sobre cosmología y geografía (descubrió en 1832 el mapa de Juan de la Cosa, en el que por primera vez aparece el continente americano), sobre viajes de exploración a América y África, sobre el origen de los cuentos de hadas, o sobre la obra de autores como Charles Perrault, Jean de La Fontaine, madame de Sévigné o el poeta latino Horacio— anunciaba que uno de sus amigos le había hecho llegar «cuatro fragmentos sobre el gusto del ilustre Montesquieu». Le pareció de sumo interés el titulado «Sobre las reglas», que él mismo publicó en los *Archives littéraires de l'Europe* en 1804, acompañado por tres más: «Placer basado en la razón», «Sobre la consideración de la situación mejor» y «Placer causado por juegos, caídas, contrastes». Sobre su origen, en una carta de 1843 Walckenaer desmiente el relato ficticio y pintoresco hecho por el amigo que se los había enviado y que daba por cierto su origen en la propuesta del nieto de Montesquieu, emigrado en Inglaterra: a cambio de entregarlos a la nación, esta debía restituir los bienes de la familia, esquilmados durante el periodo revolucionario. Propuesta imposible de verificar, como es imposible saber si los fragmentos que figuran unidos al *Ensayo sobre el gusto* desde las *Œuvres complètes* de Montesquieu, editadas por Lefèvre de 1816, formaban parte del libro en la intención del autor.

Bibliografía mínima

Montesquieu, *Del espíritu de las leyes.* Introducción de Enrique Tierno Galván, trad. al castellano de Mercedes Blázquez y Pedro de Vega, Tecnos, Madrid, 1972; reed. Alianza, 2015.

Desgraves, Louis, *Montesquieu,* Éditions Mazarine, París, 1986.

—, *Catalogue de la bibliothèque de Montesquieu,* Librairie Droz, Ginebra, 1954.

Ehrard, Jean, *Politique de Montesquieu présentée par,* Armand Colin, París, 1965.

—, *Montesquieu critique d'art,* Publications de la Faculté des lettres et sciences humaines de Clermont-Ferrand, 1965.

Iglesias, Carmen, *El pensamiento de Montesquieu,* Galaxia Gutenberg, Barcelona 2005.

—, *Razón y sentimiento en el siglo XVIII,* Real Academia de la Historia, Madrid, 1999 (reed. Universidad de Salamanca, 2000).

Shackleton, Robert. *Montesquieu: a Critical Biography,* Clarendon Press, Oxford University Press, Oxford, 1961.

—, «Montesquieu et les Beaux-Arts», en *Atti del Quinto Congresso Internazionale di Lingue e Letterature moderne*, Florencia (27-31 de marzo de 1951), Valmartina Editore, Florencia, 1955, págs. 249-253.

Starobinski, Jean. *Montesquieu*, Le Seuil, París, 1994 (edición corregida y aumentada); trad. al castellano de Mónica Utrilla, FCE, Ciudad de México, 2000 (2ª ed.).

Ensayo sobre el gusto
en las cosas de la naturaleza
y el arte

o

reflexiones sobre las causas
del placer que excitan en nosotros
las obras del espíritu y las producciones
de las bellas artes

En nuestra actual manera de ser, nuestra alma disfruta de tres clases de placeres: hay unos que saca del fondo de su misma existencia; otros que resultan de su unión con el cuerpo; finalmente otros están fundados en los pliegues y los prejuicios que ciertas instituciones, ciertos usos, ciertos hábitos le han hecho adoptar.

Son esos diferentes placeres de nuestra alma los que constituyen los objetos del gusto, como lo bello, lo bueno, lo agradable, lo natural, lo delicado, lo tierno, lo gracioso, el no sé qué, lo noble, lo grande, lo sublime, lo majestuoso, etc. Cuando, por ejemplo, sentimos placer al ver una cosa con una utilidad para nosotros, decimos que es buena; cuando sentimos placer al verla, sin que percibamos una utilidad inmediata, la llamamos bella.

Los antiguos no lo habían percibido bien; miraban como cualidades positivas todas las cualidades relativas a nuestra alma; lo cual hace que esos diálogos en que Platón hace razonar a Sócrates, esos diálogos tan admirados por los antiguos, son hoy insostenibles porque están fundados en una filosofía falsa; porque todos esos razonamientos sobre lo bueno, lo bello, lo perfecto, lo sabio, lo loco, lo duro, lo blando, lo seco, lo húmedo, tratados como cosas positivas, ya no significan nada.[5]

Las fuentes de lo bello, de lo bueno, de lo agradable, etc., están por lo tanto en nosotros mismos; y buscar sus razones es buscar las causas de los placeres de nuestra alma. Examinemos, pues, nuestra alma, estudiémosla en sus acciones y en sus pasiones, busquémosla en sus placeres;

[5] Este párrafo de la edición de la *Encyclopédie* fue eliminado de las *Œuvres posthumes* de 1783.

ahí es donde ella se manifiesta más. La poesía, la pintura, la escultura, la arquitectura, la música, la danza, las diferentes clases de juegos, en fin, las obras de la naturaleza y del arte pueden procurarle placer a nuestra alma: veamos por qué, cómo y cuándo se lo procuran; expliquemos nuestros sentimientos: eso podrá contribuir a formar nuestro gusto, que no es otra cosa que la prerrogativa de descubrir con sutileza y con facilidad el grado de placer que cada cosa debe procurar a los hombres.

Sobre los placeres
de nuestra alma

El alma, independientemente de los placeres que le vienen de los sentidos, posee otros independientemente de ellos y que le son propios; tales son los que le procuran la curiosidad, las ideas de la propia grandeza, de sus perfecciones, la idea de su existencia, opuesta al sentimiento de la noche,[6] el placer de abarcarlo todo con una idea general, el de ver un gran número de cosas, etc., el de comparar, unir, distinguir las ideas. Estos placeres están en la naturaleza del alma, independientemente de los sentidos, porque pertenecen a todo ser pensante; y es totalmente indiferente examinar aquí si nuestra alma tiene tales placeres en cuanto sustancia unida al cuerpo, o en cuanto separada del cuerpo, porque siempre los ha tenido, y porque son los objetos del gusto; de manera que aquí no distinguiremos los placeres que provienen del alma, de su misma naturaleza, de aquellos que provienen de su unión con el cuerpo; llamaremos a todos estos placeres naturales, que distinguiremos de los placeres adquiridos por el alma mediante ciertos vínculos con los placeres

[6] Los editores consideraron un error *sentiment de la nuit* [sentimiento de la noche] del texto de la Enciclopedia; la edición de las *Œuvres posthumes* de 1783 corrige *sentiment du néant* [sentimiento de la nada], y también de la *mort* [muerte].

naturales; y, de la misma manera y por la misma razón, distinguiremos el gusto natural y el gusto adquirido.

Conviene conocer la fuente de los placeres cuya medida es el gusto: el conocimiento de los placeres naturales y de los adquiridos podrá servirnos para rectificar nuestro gusto natural y nuestro gusto adquirido. Hay que partir del estado en que nuestro ser se encuentra y conocer cuáles son sus placeres para llegar a valorarlos, e incluso algunas veces a sentirlos.[7]

Si nuestra alma no hubiera estado unida al cuerpo, lo habría conocido; pero parece que habría amado lo que habría conocido; en el momento actual casi no amamos más que lo que no conocemos.

Nuestra manera de ser es totalmente arbitraria; podíamos haber sido hechos como somos o de cualquier otra forma. Pero si hubiéramos sido hechos de otra forma, habríamos sentido de otra

[7] La edición de las *Œuvres posthumes* de 1783 dice: «[...] cuáles son sus placeres para llegar a medirlos».

forma;[8] un órgano de más o de menos en nuestra máquina habría producido otra elocuencia, otra poesía; una combinación diferente de los mismos órganos habría producido también una poesía diferente: por ejemplo, si la constitución de nuestros órganos nos hubiera vuelto capaces de una atención más constante, todas las reglas que adecuan la disposición del argumento a la medida de nuestra atención dejarían de existir; del mismo modo si hubiéramos sido capaces de mayor penetración, todas las reglas fundadas en la medida de nuestra penetración caerían igualmente; por último, todas las leyes basadas en el hecho de que nuestra máquina está hecha de cierta manera serían diferentes si nuestra máquina no estuviera hecha de esa manera.

Si nuestra vista hubiera sido más débil y más confusa, se habrían necesitado menos molduras y más uniformidad en los elementos de la arquitectura; si nuestra vista hubiera sido más aguda,

[8] La edición de las *Œuvres posthumes* de 1783 dice «veríamos».

y nuestra alma capaz de abarcar más cosas a la vez, en la arquitectura se habrían necesitado más ornamentos; si nuestras orejas hubieran estado hechas como las de ciertos animales, habría sido necesario modificar muchos de nuestros instrumentos musicales. Sé, por supuesto, que las relaciones de las cosas entre sí habrían permanecido iguales; pero al haber cambiado la relación que tienen con nosotros, las cosas que, en el estado presente, producen cierto efecto sobre nosotros dejarían de hacerlo; y como la perfección de las artes consiste en presentarnos las cosas de tal manera que nos produzcan el mayor placer posible, sería preciso que hubiera cambio en las artes, ya que lo habría de la manera más apropiada para procurarnos el placer.

En principio se cree que bastaría conocer las diversas fuentes de nuestros placeres para tener gusto; que, cuando se ha leído lo que la filosofía nos dice sobre el particular, se tiene gusto, y que uno puede atreverse a juzgar las obras. Pero el gusto natural no es un conocimiento teórico; es la aplicación rápida y refinada de unas reglas que incluso ni siquiera se conocen. No es necesario saber que el placer que nos procura una determinada cosa que consideramos bella nace de la sorpresa: basta que nos sorprenda y que lo haga en la medida en que debe hacerlo, ni más ni menos.

De modo que diríamos aquí que todos los preceptos que podemos proporcionar para formar el gusto solo pueden incumbir al gusto adquirido, aunque también incumban indirectamente al gusto natural, porque el gusto adquirido afecta, cambia, aumenta y disminuye el gusto natural, de la misma manera que el gusto natural afecta, cambia, aumenta y disminuye el gusto adquirido.

La definición más general del gusto, sin considerar si es bueno o malo, preciso o no, es que nos vincula a una cosa a través del sentimiento, lo cual no impide que pueda aplicarse a las cosas intelectuales, cuyo conocimiento procura tanto placer al alma que era la única felicidad que ciertos filósofos podían concebir. El alma conoce a través de sus ideas y de sus sentimientos, recibe placeres por esas idea y por esos sentimientos;[9] pues, a pesar de la oposición entre idea y sentimiento, sin embargo, cuando ve una cosa, la siente; y no hay cosas tan intelectuales que no vea o no crea ver, y por consiguiente que no sienta.

Sobre el espíritu en general

El espíritu es el género que comprende bajo él varias especies: el genio, el buen sentido, el discernimiento, la precisión, el talento, el gusto.[10]

El espíritu consiste en poseer los órganos bien constituidos en relación a las cosas a que se aplican. Si la cosa es extremadamente particular,

[9] «[…] recibe placeres por esas ideas y por esos sentimientos […]» fue eliminado en la edición de las *Œuvres posthumes* de 1783.

[10] La versión de la *Encyclopédie* continúa: «que obtienen placer de tales ideas y sentimientos».

eso se llama talento; si está más relacionada con determinado placer delicado característico de las gentes de mundo, se llama gusto; si la cosa particular es única en una cierta población, el talento se llama espíritu, como el arte de la guerra y la agricultura en los romanos, la caza en los salvajes, etc.

Sobre la curiosidad

Nuestra alma está hecha para pensar, es decir, para percibir; ahora bien, tal ser debe tener curiosidad; de hecho, como todas las cosas pertenecen a una cadena en la que cada idea precede a una y sigue a otra, no se puede querer ver una cosa sin desear ver otra; y si no tuviéramos tal deseo por esta, no tendríamos ningún placer en aquella. Así, cuando se nos muestra una parte de un cuadro, deseamos ver la parte que se nos oculta cuanto mayor es el placer que nos procura la que hemos visto.

Por lo tanto es el placer que nos procura un objeto el que nos lleva hacia otro; por eso el alma busca siempre cosas nuevas y no descansa jamás.

De este modo siempre estaremos seguros de complacer al alma cuando le hagamos ver muchas cosas, o más de las que habría esperado ver.

De ahí que pueda explicarse la razón por la que sentimos placer cuando vemos un jardín muy regular, y por la que también lo tengamos cuando vemos un lugar inculto y campestre: es la misma causa la que produce esos efectos. Como nos gusta ver un gran número de objetos, querríamos ampliar nuestra vista, estar en muchos lugares, recorrer más espacio: en fin, nuestra alma huye de los límites y querría, por así decir, extender la esfera de su presencia; por eso es un gran placer para ella llevar su vista a lo lejos. Pero ¿cómo hacerlo? En las ciudades, nuestra vista está limitada por casas; en el campo, lo está por mil obstáculos, apenas podemos ver tres o cuatro árboles. El arte viene en nuestra ayuda y nos descubre la naturaleza que se oculta en ella misma. Amamos el arte, y lo amamos mejor que a la naturaleza, es decir, que a la naturaleza que se oculta a nuestros ojos; pero cuando encontramos bellas situaciones, cuando nuestra vista en libertad puede ver a lo lejos prados, riachuelos, colinas, y esos panoramas que son, por así decir, creados expresamente, queda mucho más encantada que cuando ve los jardines de Le Nôtre:[11] porque la naturaleza no copia, mientras que el arte se parece siempre. Por eso, en pintura preferimos un paisaje a la disposición del más bello jardín del mundo; por eso la pintura solo toma a la naturaleza allí donde es bella, allí donde la vista puede llegar a lo lejos y en toda su extensión, allí donde es variada, allí donde puede ser vista con placer.

[11] André Le Nôtre, arquitecto y jardinero francés (1613-1700), había diseñado un estilo de jardín «a la francesa», con amplias perspectivas y un rígido esquema geométrico sometido a los principios del clasicismo, que exaltaban la supremacía de la inteligencia sobre la naturaleza. Los ejemplos más célebres son los jardines de Versalles y de Chantilly.

Lo que generalmente vuelve grande un pensamiento es el hecho de señalar una cosa que permite ver un gran número de otras y nos hace descubrir de un solo golpe todo lo que solo podíamos esperar después de una larga lectura.

Floro[12] nos representa en pocas palabras todos los errores de Aníbal:[13] «Cuando podía —dice—

---

[12] Lucio Anneo Floro, también conocido como Julio Floro, historiador romano del siglo I que resumió la historia de Roma de Tito Livio, *Ab Urbe condita*, en su *Epitoma de Tito Livio bellorum omnium annorum DCC*, título que dieron los códices medievales a su trabajo, que no solo se remite a ese historiador. Abarca desde las primeras edades del hombre hasta la época de Trajano

[13] Aníbal Barca (247-183 a. C.), general y estadista cartaginés que luchó contra Roma llevando sus tropas a través de los Alpes hasta las puertas mismas de la capital romana tras derrotar a sus ejércitos. Terminó siendo vencido en la batalla de Zama por Escipión, y hubo de exiliarse a la zona asiática de Europa, donde se suicidó en la costa oriental del Mar de Mármara por temor a ser entregado al embajador romano. Escipión, llamado el Africano (236-183 a. C.), ge-

servirse de la victoria, prefirió gozarla»: *cum victoria passet uti, fruit maluit.*

Y nos da una idea de toda la guerra de Macedonia cuando dice: «Emprenderla fue vencer» (*introisse victoria fuit*).

Nos describe todo el espectáculo de la vida de Escipión cuando dice de su juventud: «Es el Escipión que crece para la destrucción de África»: *hic erit Scipio, qui in exitium Africae crescit.* Creéis estar viendo a un niño que crece y se alza como un gigante.

Finalmente nos hace ver el gran carácter de Aníbal, la situación del universo y toda la grandeza del pueblo romano cuando escribe: «Aníbal fugitivo buscaba para el pueblo romano un enemigo por todo el universo»: *qui, profugus ex Africa, hostem populo romano toto orbe quaerebat.*

neral y estadista romano que llevó la guerra a África para luchar contra Aníbal, al que derrotaría, ayudado por la caballería númida, en la batalla de Zama (200 a. C.), que puso fin a la segunda guerra púnica

Sobre los placeres
del orden

No basta con mostrar al alma muchas cosas: hay que mostrárselas con orden, pues, de este modo, nos acordamos de lo que hemos visto y empezamos a imaginar lo que veremos; nuestra alma se complace en su propia extensión y en su propia penetración; pero en una obra donde no hay orden en absoluto, el alma siente alterarse a cada instante el que se la quiere imponer. La concatenación que el autor se ha hecho, y la que nosotros nos hacemos, se confunden; el alma no retiene nada, no prevé nada; queda humillada por la confusión, por la inanidad que le queda; está realmente fatigada y no puede disfrutar de ningún placer; por eso, cuando el propósito no es expresar o mostrar la confusión, siempre se pone orden en la confusión misma. Por eso los pintores griegos agrupan sus figuras; por eso los pintores de batallas ponen en el primer plano de sus cuadros las cosas que el ojo debe distinguir y la confusión en el fondo y en la lejanía.

Sobre los placeres
de la variedad

Pero si se precisa el orden en las cosas, también se precisa la variedad: sin esta el alma languidece; porque las cosas semejantes le parecen idénticas; y si una parte de un cuadro que se nos muestra se pareciese a otra que ya habíamos visto, ese objeto sería nuevo sin parecerlo y no procuraría ningún placer. Y como las bellezas de las obras del arte, semejantes a las de la naturaleza, solo consisten en los placeres que nos procuran, hay que volverlas adecuadas cuanto sea posible para variar esos placeres; es preciso hacerle ver al alma las cosas que no ha visto; es preciso que el sentimiento que se le ofrece sea diferente del que acaba de tener.

Por eso las historias nos agradan por la variedad de los relatos, las novelas por la variedad de los prodigios, las obras de teatro por la variedad de las pasiones, y quienes saben instruir modifican, cuanto pueden, el tono uniforme de la instrucción.

Una larga uniformidad vuelve todo insoportable; el mismo orden de los periodos, mucho tiempo continuado, agobia en una arenga; los mismos ritmos y las mismas cadencias aburren en un poema largo. Si es cierto que se ha hecho esa famosa calzada de Moscú a San Petersburgo, el viajero debe perecer de aburrimiento encerrado entre las dos hileras de esa calzada; y quien haya viajado mucho tiempo por los Alpes descenderá hastiado de los panoramas más agradables y de las perspectivas más encantadoras.

El alma ama la variedad; pero solo la ama, como hemos dicho, porque está hecha para conocer y para ver; por lo tanto se necesita que pueda ver y que la variedad se lo permita; es decir, se necesita que una cosa sea bastante simple para ser percibida, y bastante variada para ser percibida con placer.

Hay cosas que parecen variadas y no lo son, otras que parecen uniformes y son muy variadas.

La arquitectura gótica[14] parece muy variada,

[14] En la primera mitad del siglo XVII, el término *gótico*

pero la confusión de los ornamentos fatiga por su pequeñez, lo que hace que no podamos distinguir uno de otro, y su número hace que no haya ninguno sobre el que la vista puede detenerse, de manera que desagrada incluso en aquellos aspectos que se han elegido para volverla agradable.

Un edificio de estilo gótico es un especie de enigma para el ojo que lo contempla, y el alma queda perpleja, como cuando se le presenta un poema oscuro.

La arquitectura griega, en cambio, parece uniforme; pero como tiene las subdivisiones precisas y tantas como son necesarias para que el alma vea exactamente lo que puede ver sin fatigarse, pero lo bastante para interesarse, tiene esa variedad que hace que se la contemple con placer.

Es preciso que las cosas grandes tengan partes grandes: los hombres altos tienen grandes

designaba en líneas generales lo que se consideraba como «bárbaro y de mal gusto», más que designar un estilo artístico o arquitectónico.

brazos, los grandes árboles largas ramas, y las grandes montañas están compuestas por otras montañas situadas por encima y por debajo; es la naturaleza de las cosas la que hace eso.

La arquitectura griega, que presenta pocas pero grandes subdivisiones, imita a las cosas grandes: el alma percibe que en todas partes reina cierta majestuosidad.

Así es como la pintura divide en grupos de tres o cuatro las figuras que aparecen en un cuadro: está imitando a la naturaleza. Una tropa numerosa se subdivide siempre en pelotones, y así es como la pintura divide en grandes masas sus claros y sus oscuros.

Sobre los placeres
de la simetría

He dicho que el alma ama la variedad; sin embargo, en la mayoría de las cosas ama contemplar una especie de simetría. Parece que esto encierra alguna contradicción: he aquí cómo lo explico.

Una de las principales causas de los placeres de nuestra alma cuando contempla objetos es la facilidad que tiene de percibirlos; y la razón por la que la simetría complace al alma es que le ahorra esfuerzo, que la alivia y que corta, por así decir, la obra por la mitad.

De ahí se sigue una regla general: siempre que la simetría sea útil al alma y pueda favorecer sus funciones, le resultará agradable; pero siempre que sea inútil, se vuelve insípida porque elimina la variedad. Ahora bien, las cosas que vemos sucesivamente deben tener variedad porque nuestra alma no tiene dificultad alguna en verlas: las que, por el contrario, vemos de un golpe de vista deben ser simétricas. Al percibir con un golpe de vista la fachada de un edificio, un macizo de césped, un templo, se les concede cierta simetría que agrada al alma por la facilidad que otorga el abarcar desde el principio el objeto entero.

Así como es necesario que el objeto que debe verse de un golpe de vista sea simple, es preciso que sea único y que todas sus partes se remitan al objeto principal; también por esta razón se ama la simetría, ya que conforma un todo único.

Solo en la naturaleza hay un todo que está acabado y el alma que contempla ese todo quiere que no haya ninguna parte imperfecta. Por eso agrada también la simetría: se precisa un espacio de ponderación o de equilibrio, un edificio con una sola ala o una ala más corta que otra está tan poco acabado como un cuerpo con un solo brazo o con un brazo demasiado corto.

Sobre los contrastes

El alma ama la simetría, pero también ama los contrastes. Esto exige muchas explicaciones.

Por ejemplo: si la naturaleza pide a los pintores y a los escultores que introduzcan cierta simetría en las partes de sus figuras, quiere, por el contrario, que introduzcan contrastes en las posturas. Un pie alineado como otro, un miembro que sigue la misma dirección que otro es insoportable; la razón es que esa simetría hace que las posturas sean casi siempre idénticas, como se ve en las figuras góticas, que se parecen todas por esto. Así ya no hay variedad en los productos del arte. Además, la naturaleza no lo ha hecho así. Y del mismo modo que nos ha dado el movimiento, no nos ha fijado en nuestras acciones y en nuestras maneras, como pagodas. Y si los hombres torpes e inseguros son insoportables, ¿qué será de los productos del arte?

Por lo tanto hay que introducir contrastes en las posturas, sobre todo en las obras de escultura, que, fría por naturaleza, solo puede añadir energía mediante la fuerza del contraste y de la disposición.

Pero de la misma manera que la variedad introducida en el gótico, que ya hemos señalado, le dio uniformidad, a menudo sucede que la variedad que se ha buscado introducir por medio de los contrastes se ha convertido en simetría y viciosa uniformidad.

Esto no solo se siente en ciertas obras de escultura y de pintura, sino también en el estilo de algunos escritores que en cada frase siempre ponen el comienzo en contraste con el final, recurriendo a continuas antítesis, como san Agustín y otros autores de la baja latinidad y algunos de nuestros modernos, como Saint-Évremond.[15] La

---

[15] Charles de Saint-Évremond (1614-1703), militar y moralista francés. Personaje muy buscado en la corte por ser «hombre galante y honesto», de conversación muy apreciada, cayó en desgracia cuando se descubrió un documento privado en el que criticaba la política de Mazarino. Tuvo que exiliarse en 1661 a Inglaterra, donde residirá hasta su muerte, rechazando incluso el permiso que en 1688 le dio Luis XIV para regresar a Francia. Debutó como escritor en 1643 con *Les Académistes* (publicado de forma anónima en 1650), donde se burla de las supresiones que la Academia francesa de la Lengua, de reciente fundación por Richelieu, había propuesto. Fue uno de los últimos libertinos que dio la primera mitad del siglo XVI francés, de pensamiento escéptico y epicúreo y gusto por la vida mundana, su abundante obra atiende a distintos géneros, desde panfletos y juicios sobre la

construcción de la frase siempre idéntica y siempre uniforme resulta extremadamente desagradable; este contraste perpetuo se vuelve simetría, y esa oposición siempre buscada se vuelve uniformidad. El espíritu encuentra en ello tan poca variedad que, cuando habéis visto una parte de la frase, siempre adivináis la otra: veis palabras opuestas, pero opuestas de la misma manera; encontráis frases bien construidas, pero son siempre la mismas.

Muchos pintores han incurrido en el defecto de crear contrastes por todas partes y sin criterio; de suerte que, cuando se observa una figura, se adivina enseguida la disposición de las de al lado. Así, la continua diversidad se convierte en algo regular. Por otra parte, la naturaleza, que arroja las cosas en el desorden, no muestra la afectación de un contraste continuo, sin contar con que pone todos los cuerpos en movimiento y en un movimiento forzado. Es más variada que

literatura francesa, española, italiana o inglesa, hasta ensayos sobre política y, de manera especial, sobre las costumbres.

eso: pone a unos en reposo y confiere a otros diferentes clases de movimiento.

Si la parte del alma consciente ama la variedad, la que siente no la busca menos, pues el alma no puede soportar mucho tiempo las mismas situaciones porque está unida a un cuerpo que no puede sufrirlas. Para que nuestra alma sea estimulada, es preciso que los espíritus fluyan en los nervios; ahora bien, puede impedírselo una fatiga en los nervios y una interrupción por parte de los espíritus que ya no fluyen, o que se disipan de los lugares donde eran fluidos.

Por lo tanto, a la larga todo nos fatiga, y sobre todo los placeres intensos. Siempre se dejan con la misma satisfacción con que se los tomó, pues las fibras de los que han sido sus órganos necesitan reposo. Hay que recurrir a otros más apropiados para servirnos y distribuir, por así decir, el trabajo.

Nuestra alma está cansada de sentir, pero no sentir es caer en un aniquilamiento que la abruma. Todo esto se remedia con la variedad: siente y no se cansa.

Sobre los placeres
de la sorpresa

Esta disposición del alma, que siempre la lleva hacia diferentes objetos, hace que goce de todos los placeres que vienen de la sorpresa, sentimiento que complace al alma por el espectáculo y por la prontitud de la acción, pues percibe o siente algo que no espera o de una manera que no esperaba.

Una cosa puede sorprendernos como maravillosa, pero también como nueva, y aun como inesperada, y en estos últimos casos el sentimiento principal se vincula a uno accesorio, fundamentado en que la cosa es nueva o inesperada.

Por eso nos excitan los juegos de azar: nos hacen ver una serie continua de acontecimientos no esperados; por eso los juegos de sociedad nos agradan, son también una serie de acontecimientos imprevistos que tienen por causa la habilidad unida al azar.

También por eso nos agradan las obras de teatro: se desarrollan gradualmente, ocultan los acontecimientos hasta que ocurren, siempre nos preparan nuevos motivos de sorpresa, y a menudo nos excitan al mostrárnoslos tal como habríamos debido preverlos.

Finalmente, las obras del espíritu solo son leídas habitualmente porque nos preparan sorpresas agradables y suplen lo insípido de unas conversaciones casi siempre languidecientes e incapaces de producir en absoluto ese efecto.

La sorpresa puede ser producida por la cosa o por la manera de percibirla, pues vemos una cosa más grande o más pequeña de lo que en efecto es, o diferente de lo que es; o bien vemos la misma cosa, pero con una idea añadida que nos sorprende. Tal es, en una cosa, la dificultad superada para hacerla, o la persona que la ha hecho, o el tiempo en que ha tardado en hacerse, o la manera en que ha sido hecha, o alguna otra circunstancia unida a ella.

Suetonio[16] nos describe los crímenes de Ne-

---

[16] Cayo Suetonio Tranquilo (ca. 70-post 126), erudito y biógrafo romano, autor de *Vidas de los doce Césares,* donde

rón con una sangre fría que nos sorprende, haciéndonos creer casi que no siente horror por lo que describe; de repente cambia de tono y dice: «El universo, después de haber soportado a este monstruo durante catorce años, por fin lo abandonó: *tale monstrum per quattuordecim annos perpessus, terrarum orbis tandem destituit»*. Esto produce en el espíritu diferentes clases de sorpresas: quedamos sorprendidos por el cambio de estilo del autor, por el descubrimiento de su diferente manera de pensar, de su manera de presentar en tan pocas palabras una de las grandes revoluciones que han ocurrido. De este modo el alma encuentra un grandísimo número de sentimientos diferentes que contribuyen a estremecerla y a procurarle placer.

refiere con minucia hechos de la vida de Julio César y los doce emperadores siguientes hasta Domiciano. En el original de Montesquieu dice: *talem principem* en lugar de *talem monstrum.*

Sobre las diversas causas que pueden
suscitar un sentimiento

Es preciso observar bien que un sentimiento no tiene por lo general en nuestra alma una causa única. Es, si puedo servirme de este término, una cierta dosis que produce la fuerza y la variedad, cuya característica consiste en saber afectar a varios órganos a la vez. Si se examinan los diversos escritores, tal vez se vea que los mejores y los que más han agradado son los que han suscitado en el alma más sensaciones al mismo tiempo.

Observad, os lo ruego, la multiplicidad de las causas. Preferimos contemplar un jardín bien arreglado que una masa confusa de árboles; primero porque nuestra vista, que estaría impedida en este último caso, no lo está; segundo porque cada alameda es una y forma una gran cosa, mientras que, en la confusión, cada árbol es una cosa y una cosa pequeña; tercero porque observamos una disposición que no estamos acostumbrados a ver; cuarto porque apreciamos el trabajo que ha exigido; quinto porque admiramos el cuidado con que se combate sin cesar a la naturaleza, que, mediante productos que no se le piden, intenta confundirlo todo, lo cual es tan cierto que un jardín descuidado nos resulta insoportable. Unas veces la dificultad de la obra nos agrada, otras veces es la facilidad, y como en un jardín magnífico en el que admiramos la grandeza y la prodigalidad del dueño, algunas veces vemos con satisfacción que ha tenido el arte de complacernos con poco gasto y trabajo.

El juego nos complace porque satisface nuestra avaricia, es decir, la esperanza de tener más; halaga nuestra vanidad por la idea de la preferencia que la fortuna nos otorga; satisface nuestra curiosidad al ofrecernos un espectáculo; por último, nos proporciona los diferentes placeres de la sorpresa.

La danza nos complace por la ligereza, por una cierta gracia, por la belleza y la variedad de las actitudes, por su conexión con la música, pues la persona que danza es como un instrumento de acompañamiento, pero complace sobre todo por una disposición de nuestro cerebro en virtud de la cual la idea de todos los movimientos remite en secreto a ciertos movimientos; la mayor parte de las actitudes, a ciertas actitudes.

Sobre la sensibilidad[17]

Las cosas casi siempre nos agradan y desagradan por diferentes aspectos: por ejemplo, los *virtuosi*[18] de Italia nos deben procurar escaso placer: primero porque no es sorprendente que, conformados como están, canten bien; son como un instrumento que el artesano ha tallado en de la madera para hacerla producir sonidos; segundo porque las pasiones que exhiben son demasiado sospechosas de falsedad; tercero porque no per-

[17] En la edición de las *Œuvres posthumes* de 1783 este capítulo se titula: «De la relación accidental de ciertas ideas».

[18] Montesquieu alude con ese término a los *castrati,* muy de moda durante la primera mitad del siglo XVII.

tenecen ni al sexo que amamos ni al que estimamos. Por otra parte pueden agradarnos porque conservan durante mucho tiempo cierto aire juvenil, y además porque tienen una voz dúctil y que les es particular. Así, cada cosa nos suscita un sentimiento que está compuesto de muchos otros que a veces se debilitan y chocan entre sí.

A menudo nuestra alma se crea motivos de placer y lo consigue sobre todo gracias a las relaciones que establece entre las cosas. Así, una cosa que nos ha agradado sigue agradándonos por la sola razón de que nos agradó, pues unimos la antigua idea a la nueva: por ejemplo, una actriz que nos ha gustado en el teatro nos sigue agradando en privado: su voz, su declamación, el recuerdo de haber visto que la admiraban, ¿qué digo?, la idea de la princesa unida a la suya; todo esto crea una especie de mezcla que genera y procura un placer.

Todos estamos llenos de ideas accesorias. Una mujer que goce de una gran reputación y tenga un ligero defecto sabrá conferirle valor y hacer que se considere como una gracia. La mayoría de las mujeres que amamos solo tienen a su favor el prejuicio derivado de su nacimiento o de sus riquezas, de los honores y de la estima de algunas personas.

Otro efecto de las relaciones
que el alma crea entre las cosas[19]

Debemos a la vida campestre que el hombre llevaba en los primeros tiempos ese aire afable difundido en toda la mitología; le debemos esas felices descripciones, esas ingenuas aventuras, esas graciosas divinidades, ese espectáculo de una condición bastante diferente de la nuestra para ser deseable, pero que no es lo bastante remota para afectar a la verosimilitud; en fin, esa mezcla de pasiones y de serenidad. Nuestra imaginación ríe con Diana, con Pan, con Apolo, con

[19] Capítulo publicado por primer vez en la edición de las *Œuvres posthumes* de 1783, págs. 178-179.

las Ninfas, con los bosques, los prados, las fuentes.[20] Si los primeros hombres hubieran vivido como nosotros en las ciudades, los poetas solo habrían podido describirnos lo que vemos todos los días con inquietud o sentimos con disgusto: todo respiraría avaricia, ambición y pasiones que atormentan.

Los poetas que nos describen la vida campestre nos hablan de la edad de oro que añoran, es decir, nos hablan de un tiempo todavía más feliz y más tranquilo.

Sobre la delicadeza

Las personas delicadas son aquellas que a cada idea o a cada gusto agregan muchas ideas o muchos gustos accesorios. Las personas groseras

---

[20] Diana, diosa de la caza; Pan, dios de los pastores; Apolo, dios de las artes y de la curación. Las ninfas son divinidades de la naturaleza feminizadas.

no tienen más que una sensación, su alma no sabe componer ni descomponer, no agregan ni quitan nada a lo que la naturaleza ofrece, mientras que las personas delicadas en cuestiones de amor crean la mayor parte de los placeres del amor. Polixeno y Apicio[21] servían en la mesa muchas sensaciones desconocidas para nosotros, comedores vulgares; y los que juzgan con gusto las obras de ingenio tienen y se procuran una infinidad de sensaciones que los demás hombres ignoran.

---

[21] Polixeno podría ser el sofista del siglo IV a. C. al que se atribuye la idea del argumento antiplatónico del «tercer hombre», y también podría ser un escritor latino contemporáneo de Marco Gavio Apicio, miembro este de la alta sociedad romana que vivió en el siglo I durante los reinados de los emperadores Augusto y Tiberio. De una riqueza, un refinamiento y un lujo proverbiales, se le atribuye el libro *De re coquinaria,* fuente inexcusable para el conocimiento de la gastronomía en la antigua Roma.

Sobre el no sé qué

En las personas y en las cosas hay, algunas veces, un encanto invisible, una gracia natural que no se ha podido definir y que ha obligado a llamarlo «el no sé qué». Me parece que es un efecto producido principalmente por la sorpresa. Nos impresiona el hecho de que una persona nos agrade más de lo que al principio nos pareció que iba a agradarnos, y quedamos gratamente sorprendidos de que haya conseguido vencer los defectos que nuestros ojos nos muestran y que el corazón ya no tiene por tales. Por esto las mujeres feas poseen muchas veces unas gracias de las que las bellas no disponen. De hecho, una persona bella se comporta por lo general de manera opuesta a lo que habíamos esperado y termina por parecernos menos amable. Después de habernos sorprendido positivamente, nos sorprende negativamente, pero la impresión positiva es antigua y la negativa reciente, por eso las personas bellas raramente suscitan grandes pasiones, casi siempre reservadas a las dotadas de gracia, es decir, de atractivos que no esperábamos y que no teníamos motivo para esperar. Los fastuosos ropajes raramente tienen gracia, mientras que a menudo los atuendos de las pastoras la tienen. Admiramos la majestuosidad de los ropajes de Paolo Veronese;[22] pero a todos nos emociona la simplicidad de Rafael,[23]

[22] Paolo Caliari, llamado el Veronés (1528-1588), trabajó en Venecia realizando cuadros tanto religiosos como seglares de grandes dimensiones que reflejan el gran boato y la espléndida riqueza de su ciudad de adopción; para ello se valía de escenas bíblicas en las que introducía personajes, ropajes y decoraciones de su tiempo.

[23] Raffaello Sanzio (1483-1520), pintor y arquitecto italiano considerado por sus contemporáneos como casi divino por la armonía y la gracia de sus cuadros; en ellos se cumplen las reglas del clasicismo del segundo Renacimiento. Entre sus obras más famosas figuran los frescos para los apartamentos del papa Julio II en el Vaticano, la decoración de la villa Farnesia para el banquero Agostino Chigi (1465-1520), así como numerosos retratos, cuadros religiosos, etc. A la muerte de Bramante dirigió los trabajos de la nueva basílica de San Pedro.

y la pureza del Correggio.[24] Paolo Veronese promete mucho y mantiene lo que promete; Rafael y Correggio prometen mucho y mantienen mucho, y esto nos agrada más.

La gracia se encuentra por lo general más en el espíritu que en el rostro, pues un bello rostro se revela inmediatamente y no oculta casi nada, mientras que el espíritu solo se revela poco a poco, cuando quiere y tanto como quiere; puede ocultarse para aparecer y procurar esa especie de sorpresa que confiere la gracia.

La gracia se encuentra menos en los rasgos del rostro que en las maneras, pues estas se renuevan a cada instante y pueden crear sorpresas en todo momento: en una palabra, una mujer únicamente puede ser bella de una sola forma, pero es graciosa de cien mil.

[24] Antonio Allegri da Correggio, conocido como Correggio (1489-1534), pintor italiano del Renacimiento, de estilo luminoso y expresivo que introdujo la luz y el color como contrapeso de las formas, creando nuevos efectos de claroscuro.

La ley de los dos sexos ha establecido, entre las naciones civilizadas y las salvajes, que los hombres pedirían y que las mujeres se limitarían a conceder: de ahí viene que la gracia sea connatural de manera más particular a las mujeres. Dado que estas tienen todo que defender, tienen todo que ocultar; la menor palabra, el menor gesto, todo lo que, sin transgredir su principal deber, se muestra en ellas, todo lo que se exhibe en libertad se transforma en gracia. Y la sabiduría de la naturaleza es tal que lo que no valdría nada sin la ley del pudor adquiere un valor infinito en virtud de esta acertada ley que procura felicidad al universo.[25]

Como el malestar y la afectación no pueden sorprendernos, la gracia no se halla ni en las maneras incómodas ni en las afectadas, sino en cierta libertad o facilidad que hay entre los dos extremos, y el alma queda agradablemente sor-

---

[25] La importancia de las mujeres en la formación del gusto es un tópico del siglo XVIII sobre el que Montesquieu escribe en *Del espíritu de las leyes,* XIX, 8. «Efectos del humor social».

prendida al constatar que se han evitado los dos escollos.

Se diría que las maneras naturales deberían de ser las más fáciles: son las que menos porque la educación lo impide, siempre nos hace perder la naturaleza. Por eso estamos encantados al verla volver.

Nada nos complace tanto en un atuendo como cuando presenta esa negligencia, o incluso ese desorden que nos oculta todos los cuidados que la higiene no ha exigido, y que solo la vanidad habría hecho tomar. Solo hay gracia en el espíritu cuando lo que se dice parece hallado y no buscado.[26]

Cuando decís cosas que os han costado esfuerzo, también podéis mostrar que tenéis espíritu, pero no gracia en el espíritu. Para que se vea esa gracia, es preciso que no la veáis vosotros mismos y que los demás, a los que, por otra parte, cierto aire de ingenuidad y de sim-

---

[26] La edición de las *Œuvres posthumes* de 1783 dice: «cuando lo que se dice es hallado».

plicidad en vosotros no anunciaba nada de ese tipo, queden dulcemente sorprendidos al descubrirla.

Así pues, la gracia no se adquiere: para tenerla, hay que ser ingenuo. Pero ¿cómo trabajar para ser ingenuo?

Una de las más bellas ficciones de Homero es aquella del cinturón que confería a Venus el arte de agradar.[27] No hay nada más adecuado para hacer sentir la magia y el poder de la gracia, que parece concedida a las personas por un poder invisible y que difiere de la belleza misma. Ahora bien, ese cinturón solo podía pertenecer a Venus. No convenía a la belleza majestuosa de Juno[28] porque la majestuosidad exige cierta gravedad, es decir, un impedimento por ser lo opuesto a la ingenuidad de la gracia; no podía

[27] Homero, *Ilíada*, XIV, 214-221. Venus era la diosa del amor, de la belleza y de la fertilidad en la mitología romana.

[28] Juno, diosa del matrimonio y reina de los dioses, compañera de Júpiter en la mitología romana.

convenir a la orgullosa belleza de Palas[29] porque
el orgullo se opone a la delicadeza de la gracia y,
además, provoca que se sospecha a menudo de
cierta afectación en la gracia.

Progresión de la sorpresa

Las grandes bellezas nacen cuando una cosa está
hecha de manera que al principio resulta mo-
desta, pero luego su gracia perdura, aumenta y
nos lleva a la admiración. De un primer vistazo,
las obras de Rafael impresionan poco: imita tan
bien la naturaleza que al principio no sorpren-
den más que si se viera el objeto mismo, el cual
no suscitaría ninguna sorpresa, mientras que una
expresión extraordinaria, un colorido más inten-
so, una pose extraña de un pintor menos bueno
nos impresiona a la primer ojeada porque no estamos acostumbrados a verlos en otra parte. Se

[29] Diosa de la guerra en la mitología griega.

puede comparar a Rafael con Virgilio;[30] y a los pintores venecianos, con sus poses forzadas, con Lucano.[31] Virgilio, más natural, impresiona menos al principio para luego hacerlo más. Lucano impresiona más al principio para luego hacerlo menos.

La perfecta proporción de la famosa iglesia de San Pedro hace que al principio no parezca tan grande como en realidad es, porque no sabemos adónde remitirnos para juzgar su grandeza. Si fuera menos ancha, quedaríamos sorprendidos por su longitud; si fuera menos larga, lo seríamos por su anchura. Pero a medida que se la examina, el ojo la ve agrandarse y el asombro aumenta. Podemos compararla a los Pirineos: el ojo que al principio creía medirlos

[30] Publio Virgilio Marón (70-19 a. C.), poeta romano, autor de la *Eneida,* las *Bucólicas y* las *Geórgicas.*

[31] Marco Anneo Lucano (39-65), poeta romano nacido en Córdoba (Bética, Hispania), a quien se debe la *Farsalia,* poema narrativo inacabado en diez cantos sobre la guerra civil entre Julio César y Pompeyo.

descubre montañas detrás de las montañas y se pierde cada vez más.

Ocurre a menudo que nuestra alma siente placer cuando tiene un sentimiento que no puede reconocer por sí misma, y cuando contempla una cosa absolutamente distinta de lo que sabe que es, lo cual suscita en ella un sentimiento de sorpresa del que no puede sustraerse. He aquí un ejemplo: la cúpula de San Pedro es inmensa. Se sabe que Miguel Ángel, contemplando el Panteón,[32] que era el mayor templo de Roma, dijo que quería hacer uno parecido, pero suspendido en el aire. Así pues proyectó sobre ese modelo la cúpula de San Pedro, pero hizo los pilares tan macizos que esa cúpula, que es como una montaña que uno tiene sobre la cabeza,

---

[32] El Panteón de Agripa (Marco Vipsanio Agripa, ca. 63-12 a. C.) o de Roma, terminado alrededor del año 126, fue utilizado como iglesia desde el siglo VI. El templo actual presenta muchas alteraciones respecto al original. Su cúpula, de 43,44 metros de diámetro, es la mayor cúpula de hormigón de la historia.

parece ligera al ojo que la contempla. El alma vacila entonces entre lo que ve y lo que sabe, y permanece sorprendida al contemplar una masa tan enorme y tan ligera al mismo tiempo.

Sobre las bellezas derivadas de cierta perplejidad del alma

A menudo la sorpresa le viene al alma porque no consigue conciliar lo que ve con lo que ha visto. En Italia hay un gran lago que se llama Mayor;[33] es un pequeño mar cuyas orillas son totalmente salvajes. A quince millas lago adentro hay dos islas de un cuarto de milla de circunferencia, llamadas las Borromeas, que son, en mi opinión, el lugar más delicioso del mundo.[34] El alma queda sorprendida por ese

[33] Lago alpino situado entre Italia y Suiza, con una superficie de 212 kilómetros cuadrados.

[34] Con este nombre se conocen tres pequeñas islas y dos

contraste novelesco, por evocar con placer las maravillas de las novelas en las que, después de haber superado peñascos y regiones áridas, uno se encuentra en un lugar hecho para las hadas.

Todos los contrastes nos impresionan porque las cosas que contrastan se realzan mutuamente. Así, cuando un hombre de baja estatura está junto a uno alto, el bajo hace parecer al otro más alto aún, y el alto hace parecer al otro más bajo aún.

Este género de sorpresas suscita el tipo de placer que encontramos en todas las bellezas de contraste, en todas las antítesis y en las figuras análogas. Cuando Floro dice:[35] «Soro [Cora]

islotes en la parte italiana del lago Mayor; distan cerca de medio kilómetro de la orilla y su superficie total alcanza unas veinte hectáreas.

[35] Floro, *Epitoma*, I, 10. En realidad, *Epitoma*, I, IV, 6-7. Los nombres que cita el historiador romano han cambiado: Cora es en la actualidad Cori; Alsio, Palo; Sátrico, Casale di Conca. Corniculo fue probablemente una ciudad sabina destruida por el quinto rey de Roma, Tarquinio

y Alsio, ¡quién lo diría!, han sido terribles para nosotros; Sátrico y Cornículo eran provincias; nos avergonzamos de los bovillanos y de los verulianos,[36] pero los hemos vencido; por último, Tívoli, nuestro suburbio; Preneste, donde están nuestros casas de recreo, eran el argumento de los votos que íbamos a hacer al Capitolio». Este autor, digo, nos muestra al mismo tiempo la grandeza de Roma y la pequeñez de sus orígenes, y el asombro se sustenta en ambas cosas.

Se puede subrayar aquí la gran diferencia que existe entre las antítesis de ideas y las de expresión. La antítesis de expresión no está oculta, la de ideas lo está; la una siempre tiene el mismo ropaje, la otra lo cambia a placer; una es variada, la otra no.

Prisco, por haberse rebelado contra el poder romano. *(Nota del autor).*

[36] Por error, el texto de Montesquieu dice *boriliens,* que traduce el *bovilli* de Floro. Verulae fue una localidad latina que pasó a Roma en el 90 a. C., en la actualidad, Veroli, en la región del Lacio.

El mismo Floro, hablando de los samnitas,[37] dice que sus ciudades fueron tan devastadas que en la actualidad es difícil hallar materia para veinticuatro triunfos: *ut non facile appareat materia quatuor et viginti triumphorum.* Y con las mismas palabras que señalan la destrucción de ese pueblo muestra la grandeza de su coraje y de su obstinación.

Cuando queremos contener la risa, esta redobla por el contraste que hay entre la situación en que nos encontramos y en la que deberíamos estar; de igual modo, cuando vemos en un rostro un grave defecto, como por ejemplo una nariz muy grande, nos reímos porque vemos que ese contraste con los demás rasgos del rostro no debería existir. Los contrastes son de esta manera causa de los defectos tanto como de las bellezas.

[37] Antiguo pueblo itálico de una región montañosa (Samnio) de la Italia centro-meridional. Se resistió al poder romano provocando tres guerras desde 343 a. C., hasta que en la tercera fueron derrotados en la batalla de Sentium en el 295 a. C.

Cuando vemos que carecen de razón, que ponen en evidencia o iluminan otro defecto, se vuelven los grandes instrumentos de la fealdad, la cual, cuando nos impresiona súbitamente, puede suscitar cierta alegría en nuestra alma y hacernos reír. Si nuestra alma la considera una desgracia para la persona que la posee, puede suscitar piedad; si considera que puede perjudicarnos, y la compara con lo que suele conmovernos y suscitar nuestros deseos, entonces la mira con un sentimiento de aversión.

Lo mismo ocurre en nuestros pensamientos: cuando contienen una oposición contraria al buen sentido y que es vulgar y fácil de descubrir. No agrada y es un defecto porque no provoca sorpresa; y tampoco agrada si, por el contrario, esa oposición es demasiado rebuscada. Es necesario que a las obras se las sienta por lo que son y no por lo que se ha querido mostrar, pues en este caso la sorpresa solo concierne a la estupidez del autor.

Una de las cosas que más nos agrada es el estilo ingenuo, pero también es el más difícil de alcanzar. El motivo es que se sitúa precisamente entre lo noble y lo vulgar, y está tan próximo a lo vulgar que siempre resulta muy difícil bordearlo sin caer en él.

Los músicos han reconocido que la música que se canta con mayor facilidad es la más difícil de componer, prueba cierta de que nuestros placeres, y el arte que nos los procura, se mueven entre ciertos límites.

Ante los versos tan enfáticos de Corneille,[38] y los de Racine,[39] tan naturales, se adivinaría que Corneille trabajaba con facilidad y Racine con esfuerzo.

Lo vulgar y lo sublime del pueblo, que ama ver una cosa hecha para él y que está a su alcance.

---

[38] Pierre Corneille (1606-1684), considerado el gran trágico de la primera mitad del siglo XVI en Francia, autor de *El Cid, La ilusión cómica, Andrómeda, Nicomedes, Edipo, Tito y Berenice,* etc.

[39] Jean Racine (1639-1699), poeta dramático, considerado como maestro del clasicismo. Entre sus tragedias destacan *Fedra, Andrómaca, Atalía, Ifigenia, Berenice,* etc.

Las ideas que les surgen a las personas instruidas y dotadas de una gran inteligencia, son o ingenuas, o nobles, o sublimes.

Cuando una cosa se nos presenta con circunstancias o con accesorios que la engrandecen nos parece noble. Se nota sobre todo en las comparaciones, donde el espíritu siempre debe ganar y no perder nunca, porque deben añadir algo, engrandecer la cosa, o si no se trata de grandeza, hacerla más sutil y más delicada, pero es necesario prestar atención a no mostrar al alma una relación con lo que es vulgar, pues si el alma lo hubiera descubierto, se lo habría ocultado a sí misma.

Como se trata de mostrar cosas delicadas, el alma prefiere comparar una actitud con otra actitud, una acción con otra acción, una cosa a otra cosa, como un héroe con un león, una mujer con un astro, y un hombre rápido con un ciervo.[40]

---

[40] La edición de las *Œuvres posthumes* de 1783 da un texto diferente de este párrafo I, pág. 197: «Cuando se trata de mostrar cosas exquisitas, el alma prefiere ver que se compara una actitud con una actitud, una acción con una acción,

Miguel Ángel es maestro en el arte de conferir nobleza a todos sus temas. En su famoso *Baco*[41] no hace como los pintores flamencos, que nos

antes que una cosa con otra. A comparar en general a un hombre valiente con un león, a una mujer con un astro, a un hombre rápido con un ciervo, esto es fácil, pero cuando La Fontaine empieza así una de sus *Fábulas*:

> *Entre las patas de un león*
> *una rata salió de tierra bastante atolondrada;*
> *el rey de los animales, en esta ocasión,*
> *mostró lo que era y le dio la vida,*

compara las modificaciones del rey de los animales con las del alma de un verdadero rey.

La cita corresponde a *Fábulas* [II, 11, «El león y el ratón, vv. 5-8]. Jean de La Fontaine (1621-1695), fabulista francés, se inspiró para sus fábulas y cuentos en clásicos como Rabelais, Margarita de Navarra y Boccaccio.

[41] Escultura de Miguel Ángel (Museo del Bargello, Florencia) que no parece tener mucha relación con los cuadros flamencos.

muestran una figura que cae y que está, por así decir, en el aire. Eso sería indigno de la majestad de un dios. Él lo representa firme sobre sus piernas, pero plasma tan bien la alegría de la ebriedad y el placer de ver correr el vino que derrama en su copa que no hay nada más admirable.

En *La Pasión*[42] que está en la galería de Florencia pintó a la Virgen de pie mirando a su hijo crucificado sin dolor, sin piedad, sin tristeza, sin pesar, sin lágrimas. La supone sabedora del gran misterio, y por ello la hace sostener con nobleza el espectáculo de la muerte.

No hay obra de Miguel Ángel en la que no haya puesto algo noble. Incluso en sus esbozos se encuentra algo grandioso, como en esos versos que Virgilio no terminó.

---

[42] Véase *Voyages*, en *O. C.*, II, págs. 1101-1102: «He visto hoy el palacio Borghese [...], hay una copia o doble original de *La Pasión* de Miguel Ángel que está en la galería de Florencia». Se trata de la escultura *La Pietà di Palestrina,* que se le atribuye; se encuentra en la Galería de la Academia de Florencia, junto al *David.*

Giulio Romano,[43] en su cámara de los Gigantes en Mantua, donde representó a Júpiter fulminándolos,[44] muestra a todos los dioses asustados, pero Juno está al lado de Júpiter y le indica con aire seguro a un gigante contra el que debe lanzar el rayo. Ello le confiere un aire de grandeza que no tienen los demás dioses: cuanto más cerca están de Júpiter, más tranquilos están, y eso es muy lógico, pues en una batalla el terror cesa al lado del que lleva la ventaja...[45]

---

[43] Giulio Romano (1499-1546), pintor y arquitecto italiano de estilo manierista. Realizó para el Palacio del Té de Mantua los frescos de la llamada «Cámara de los Gigantes».

[44] Por sus *Voyages* (*O. C.*, II, pág. 1228) se sabe que Montesquieu visitó el Palacio del Té de Mantua nada más llegar a la ciudad el 27 de julio de 1729. «Juno está al lado de Júpiter, tranquilizada por su presencia: no tiene espanto y le señala los Gigantes que hay que fulminar. Se ven con placer las diferentes emociones de todos estos dioses y diosas. Parece que el espanto es menor en los que están más cerca de Júpiter, y debe ser así, como ocurre en las batallas [...]».

[45] En la edición del *Ensayo sobre el gusto* publicada en la

Sobre las reglas[46]

Todas las obras del arte tienen reglas generales que son guías que nunca hay que perder de vista.

No obstante, así como las leyes son siempre justas en líneas generales, pero casi siempre injustas en su aplicación, las reglas, siempre verdaderas en teoría, pueden volverse falsas en

Enciclopedia se lee después de ventaja: «Aquí termina el fragmento. La gloria del señor de Montesquieu, fundada en sus obras de genio, no exigiría sin duda que se publicasen estos fragmentos que nos dejó, pero serán un testimonio eterno del interés que los grandes hombres de la nación sintieron por esta obra, y se dirá en los siglos venideros: "Voltaire y Montesquieu también participaron en la Enciclopedia"». Los cuatro párrafos finales son, de hecho, fragmentos encontrados entre los manuscritos y añadidos mucho más tarde al *Ensayo sobre el gusto* por los editores iniciales.

[46] Los fragmentos que siguen no fueron publicados sino tardíamente. El titulado «Sobre las reglas» apareció por primera vez en las *Œuvres posthumes* de 1798, págs. 209-214.

hipótesis.[47] Los pintores y los escultores han fijado las proporciones que hay que dar al cuerpo humano, y han asumido como criterio común la longitud del rostro, pero es necesario que transgredan a cada instante las proporciones debido a las diferentes poses en las que deben disponer los cuerpos; por ejemplo, un brazo extendido es mucho más largo que el que no lo está. Nadie ha conocido la técnica artística mejor que Miguel Ángel; nadie ha jugado con eso más que él. Hay pocas obras arquitectónicas donde las proporciones se respeten escrupulosamente, pero con un conocimiento exacto de todo lo que puede suscitar placer, parece que recurrió a una técnica distinta para cada obra.

Aunque cada efecto depende de un causa general, se mezclan en él tantas otras causas particulares que cada efecto tiene, en cierto modo, una causa aparte: por lo tanto, el arte da las re-

---

[47] Hay que entender el término *hipótesis* en el sentido de «caso particular», así recogido en el *Dictionnaire National de la langue française* de Bescherelle (París, 1851, t. II).

glas y el gusto las excepciones; el gusto nos revela en qué ocasiones el arte debe imponerse y en qué ocasiones debe someterse.

Placer basado
en la razón[48]

He dicho a menudo que lo que procura placer debe estar fundado en la razón, y lo que en ciertos aspectos no lo está, pero llega a complacernos por otros motivos, debe apartarse de ella lo menos posible

Y no sé cómo ocurre que la estupidez del artesano, muy marcada, hace que ya no pueda apreciarse su obra, pues en las obras de gusto, para que agraden, hay que tener cierta confianza en el artesano, que se pierde en cuanto se ve por primera vez algo que peca contra el buen sentido.

[48] Este fragmento y los siguientes fueron publicados, por primeva vez, en 1804 por Walkenaer.

Así, cuando estaba en Pisa,[49] no sentí ningún placer al ver al río Arno representado en el cielo con su urna que vierte las aguas. No sentí ningún placer en Génova[50] al ver unos santos en el cielo, que sufrían el martirio. Estas cosas son tan groseras que ya no se las puede mirar.

Cuando en el segundo acto de *Tiestes*,[51] de Séneca se oye a los viejos de Argos[52] que, como ciudadanos de Roma del tiempo de Séneca, hablan

[49] Montesquieu llegó Pisa el 24 de noviembre de 1728.

[50] Montesquieu llegó a Génova el 9 de noviembre de 1728. Con «los santos en el cielo» parece referirse a los frescos de la iglesia de San Siro de esa ciudad.

[51] Véase *Tiestes*, II, coro, obra del filósofo, político y escritor romano Lucio Anneo Séneca (4 a. C.-65 d. C.), nacido en Córdoba (Bética, Hispania), que gira en torno al banquete que le dio su hermano gemelo Atreo y en el que la comida eran los hijos de Tiestes. Posteriormente tuvo un hijo, Egisto, que mató a Atreo y recuperó el trono de Micenas para su padre.

[52] Ciudad griega del Peloponeso.

de los partos y de los quirites[53] y distinguen los senadores de los plebeyos, desprecian el grano de Libia, a los sármatas[54] que cierran el mar Caspio y a los reyes que han sometido a los dacios,[55] semejante ignorancia resulta ridícula en un tema serio. Es como si, en un teatro de Londres, se presentara a Mario[56] y se le hiciera decir que,

[53] El imperio parto, también conocido como imperio arsácida, se situaba originalmente en el noroeste de Irán, pero en su apogeo con el rey Mitrídates I (o Arsaces) (165-132 a. C.) se extendió desde el norte del Éufrates hasta el este de la actual Irán. Pueblo guerrero y temible para los romanos, terminó por desaparecer después de cuatrocientos años, en el 224, tras ser vencido su rey Ardaván IV (163-224) por los sasánidas. En cuanto a *quirites*, es el nombre que recibían los ciudadanos de la antigua Roma.

[54] Grupo de pueblos nómadas de Irán que habitaron cerca del actual mar Caspio.

[55] Antiguos habitantes indoeuropeos de Dacia (la actual Rumania y partes del sureste de Europa). Fueron sometidos por Roma en el año 107.

[56] Cayo Mario (ca. 158-86 a. C.), estadista y general roma-

con tal de gozar del favor de la Cámara baja,[57] no teme la hostilidad de la de los Pares, o que prefiere la virtud a todas las riquezas que las grandes familias de Roma hacen traer del Potosí.[58]

Cuando una cosa es, en ciertos aspectos, contraria a la razón, y que, agradándonos en otros, la costumbre o el interés mismo de nuestros placeres nos inducen a considerarla como razonable, como nuestras óperas, hay que hacer de tal modo que se aparte lo menos posible de

no que luchó al frente del ejército en las guerras de Roma en Hispania, la Galia y Germania, así como en la guerra civil que lo enfrentó a Sila.

[57] Una de las dos asambleas inglesas —la otra, la Cámara de los Lores, se cita a continuación— que forman el Parlamento.

[58] La villa imperial de Potosí, en el suroeste de Bolivia, situada en las faldas de la montaña Cerro Rico, donde se hallaba la mina de plata más grande del mundo, explotada desde mediados del siglo XVI hasta mediados del siglo XVII. En ese periodo pertenecía al virreinato del Perú de la corona española.

ella. Estando en Italia no podía soportar ver a Catón y a César[59] cantando arietas en escena. Los italianos, que han sacado de la historia los argumentos de su ópera, han demostrado tener menos gusto que nosotros, que los hemos sacado de la mitología o de las novelas. Debido al exceso de lo maravilloso, la incongruencia del canto disminuye, porque lo que es tan extraordinario parece que puede expresarse mejor de una manera más alejada de lo natural; por otro lado, parece demostrado que el canto puede tener en los encantamientos y en el contacto con

---

[59] Personajes de la historia de Roma. Marco Porcio Catón (234-149 a. C.), uno de los primeros historiadores que utilizó el latín frente al griego; se le debe una historia de Italia (*Orígenes*), y distintos discursos y ensayos. Julio César (100-44 a. C.), militar romano que dirigió la guerra de las Galias y venció en la guerra civil contra el Senado, se convirtió en emperador y ejerció el poder absoluto hasta que lo asesinaron en una conspiración en la que intervinieron, según Suetonio, sesenta senadores, y en la que figura literariamente (Shakespeare) como cabecilla del asesinato Marco Junio Bruto.

los dioses una fuerza que las palabras no poseen; por eso es más razonable y hemos hecho bien en emplearlo.

Sobre la consideración de la situación mejor[60]

En la mayoría de las bromas divertidas, la fuente más común de nuestros placeres proviene de que, en ciertos pequeños incidentes, vemos a otros en una situación embarazosa en la que nosotros no nos encontramos, como cuando alguien cae sin poderlo evitarlo y sin poder seguir...; de igual modo, en las comedias sentimos placer al ver a un hombre mezclado en un equívoco en el que nosotros no estamos.

Cuando vemos a alguien que cae, estamos convencidos de que siente más miedo del que

---

[60] Los dos últimos fragmentos se conservan en la Biblioteca Nacional francesa, nueva adquisición fr. 717, ff. 28 y 29.

debería tener y eso nos divierte;[61] de igual modo, en las comedias sentimos placer al ver a un hombre más apurado de lo que debería estar, como cuando una persona seria hace algo ridículo o se encuentra en una posición que sentimos que no está de acuerdo con su seriedad: eso nos divierte.[62] De igual modo, en nuestras comedias, cuando un viejo es engañado, sentimos placer al ver que su prudencia y su experiencia son las víctimas de su amor y de su avaricia.[63]

[Cuando algún atolondrado cae, nos divierte porque está en una situación en la que puede convencerse de su atolondramiento; así en nues-

[61] Montesquieu ha borrado una primera redacción: «Cuando vemos que alguien se cae sentimos placer al verlo en un apuro en el que nosotros no estamos».

[62] Montesquieu ha borrado una primera redacción: «Cuando un hombre serio se cae, eso nos divierte porque está en la situación en que estaría un atolondrado».

[63] Montesquieu ha borrado una primera redacción: «De ver que su prudencia y su experiencia le han sido inútiles; es tan engañado como un hombre joven».

tras comedias, cuando un joven hace alguna locura, nos alegra, porque juzgamos que se da cuenta de que solo puede imputarla a él mismo].[64]

Cuando un niño cae, en vez de reír sentimos piedad porque no es propiamente culpa suya, sino de su fragilidad; del igual modo, cuando un joven cegado por la pasión comete la locura de casarse con una persona a la que ama y es castigado por su padre, nos duele verlo castigado y volverse infeliz por haber seguido una inclinación natural y haber cedido a la debilidad de la condición humana.

Por último, cuando una mujer cae, todas las circunstancias que pueden aumentar su vergüenza acrecientan nuestro placer, de igual modo que en las comedias nos divertimos con todo lo que puede incrementar la vergüenza de ciertos personajes.

Y todos los placeres se fundan o en nuestra malignidad natural o en la aversión que nos suscitan

[64] En el manuscrito, Montesquieu ha añadido: «Omitir este párrafo».

ciertos personajes o el interés que otros nos despiertan. Y el supremo arte de la comedia consiste, pues, en dosificar esa simpatía y esa aversión, de tal forma que nuestra opinión permanezca sin cambio desde el principio hasta el final de la obra, y que no sintamos disgusto o pesar por haber amado u odiado. Que un carácter odioso se vuelva interesante solo se puede aceptar cuando hay motivos para ello en el personaje mismo, y que se trate de alguna noble acción que nos sorprenda y que pueda servir al desenlace de la pieza.

Placer causado por juegos, caídas, contrastes

Como en el juego de *piquet*,[65] sentimos el placer de cambiar lo que no conocemos por lo que co-

---

[65] Juego de cartas de origen español conocido como «juego de los cientos» en el que intervenían dos jugadores. Ganaba el que antes llegaba a los cien puntos

nocemos. La belleza de este juego consiste en el hecho de parecer que se nos muestra todo y sin embargo se nos oculta mucho, lo cual suscita nuestra curiosidad. Del mismo modo, en las obras de teatro nuestra alma se ve estimulada por la curiosidad porque se le revelan ciertas cosas y se le ocultan otras; queda sorprendida, porque creía que las cosas que se le ocultan ocurrirían de determinada forma mientras que ocurren de otra, y que, por así decir, el alma ha hecho falsas predicciones a partir de lo que ha visto.

Como la belleza del juego del *hombre*[66] consiste en cierta expectativa, mezclada con curiosidad, de tres diferentes sucesos que pueden ocurrir, dado que la partida puede ser ganada, iniciada de nuevo o perdida de salida,[67] del mismo modo en nuestras obras de teatro estamos siempre en sus-

[66] Juego de cartas de origen español que se remonta al siglo XVII. Entre los varios nombres que ha recibido, el más popular es el de *tresillo*.

[67] Expresión tomada del juego del hombre: el jugador ha perdido antes de haber jugado sus cartas.

penso[68] y en la incertidumbre de que no sabemos lo que ocurrirá; y el efecto de nuestra imaginación es tal que, aunque hayamos visto la obra mil veces, si es bella, nuestra expectativa y, si me atrevo decirlo, nuestra ignorancia siguen siendo las mismas, porque para entonces estamos tan conmovidos por lo que oímos en ese momento que ya solo oímos lo que se nos dice; y lo que parece que debe seguir a lo que se nos dice, y lo que por otra parte conocemos, pero solo gracias a nuestra memoria, no nos causa ya ninguna impresión.

[68] Montesquieu eliminó una primera reacción: «En nuestras comedias estamos en suspenso, sobre todo en el acto del medio».